AF224482

LE MYOSOTIS

DES

FAMILLES

CONFÉRENCE ÉCRITE

SUR HÉGÉSIPPE MOREAU

PAR

H. MAUBERT, PASTEUR

Prix : 50 Centimes

AU PROFIT DE LA VEUVE MENTIONNÉE A LA HUITIÈME PAGE

A MOULINS	A VICHY
LIBRAIRIE MARTIAL PLACE	LIBRAIRIE C. BOUGAREL
Rue des Grenouilles.	Rue Montaret.

A PARIS

LIBRAIRIE GRASSART, rue de la Paix, 2.
— FRANÇAISE & ÉTRANGÈRE, rue de Rivoli, 204.
— CH. MEYRUEIS, rue des Saints-Pères, 43 & 45.

LE

MYOSOTIS DES FAMILLES

MOULINS. — IMPRIMÉ CHEZ FUDEZ FRÈRES

LE MYOSOTIS

DES

FAMILLES

CONFÉRENCE ÉCRITE

SUR HÉGÉSIPPE MOREAU

PAR

H. MAUBERT, PASTEUR

Prix : 50 Centimes

AU PROFIT DE LA VEUVE MENTIONNÉE A LA HUITIÈME PAGE

<table>
<tr><td>

A MOULINS

LIBRAIRIE MARTIAL PLACE

Rue des Grenouilles.

</td><td>

A VICHY

LIBRAIRIE C. BOUGAREL

Rue Montaret.

</td></tr>
</table>

A PARIS

LIBRAIRIE GRASSART, rue de la Paix, 2.
—   FRANÇAISE & ÉTRANGÈRE, rue de Rivoli, 204.
—   CH. MEYRUEIS, rue des Saints-Pères, 43 & 45.

L'AUTEUR

I

Mes chers lecteurs qui n'avez pu être auditeurs,

Vous vous rappelez que l'été dernier j'avais eu la pensée de faire, de la matière de ce prospectus du *Myosotis des Familles*, le sujet d'une conférence à Vichy. C'était le 10 août qu'elle devait avoir lieu. Le n° du 8 août du *Programme de Vichy*, dont l'extrait est sous vos yeux (1), vous l'avait annoncée sous le titre *d'une bonne action à faire*. — Mais à cette bonne action il fallait, comme de juste, l'autorisation de M. le Préfet de l'Allier, à qui j'en avais fait la demande dès le 31 juillet.

(1) Extrait du numéro du 8 août 1869, du *Programme de Vichy* :

Une bonne action à faire.

M. Maubert, pasteur à Moulins, nous prie d'annoncer que, moyennant l'autorisation qu'il a sollicitée de la préfecture de l'Allier, il se propose de donner à Vichy, le mardi 10 août, à une heure et demie de l'après-midi, et dans le local qui sera indiqué sur les cartes d'entrée, une *conférence* sur le poëte *Hégésippe Moreau*, qu'il intitulera le *Myosotis des Familles*.

Le produit de cette conférence est destiné à soulager l'infortune d'une pauvre mère qui, venue à Vichy avec son enfant malade, y a perdu son porte-monnaie, contenant tout son avoir : un peu plus de 400 francs, réalisés par la vente de son mobilier.

Si l'autorisation est accordée, en temps utile, des cartes d'entrée seront mises dès demain matin à la disposition du public, dans les bureaux des hôtels : de *Nice* et de *Reims*, et au bureau du journal, à l'imprimerie Wallon.

Ces cartes seront au prix de 2 fr.

Si l'autorisation n'est pas accordée en temps utile, les cartes d'entrée seront, dans les mêmes lieux, remplacées par des listes de souscription, et l'on sera prié de verser 2 francs et de faire inscrire son nom et son adresse au mois de septembre. A cette époque on recevra imprimée la conférence qui n'aura pas été faite oralement.

CH. DE R.

Le but de la conférence était expliqué dans cette demande, comme il l'est dans l'extrait du journal ; et dès lors il semble qu'un tel but, d'une part, et, de l'autre, le titre de *Myosotis des Familles*, donné à la conférence, aussi bien que l'auditoire, en partie féminin, et plus catholique que protestant, que m'aurait fourni la société réunie à Vichy, et dont j'aurais, par le fait, sollicité et accepté la bienveillance, — il semble, dis-je, que tout cela était de nature à rassurer M. le Préfet, et à l'empêcher de craindre que je n'allasse mêler de la controverse à mon sujet littéraire.

J'avais d'ailleurs donné, tout spontanément, à M. l'Inspecteur d'académie à Moulins, les plus formelles assurances à cet égard. Et puis enfin, si j'eusse manqué à ma promesse, M. le Commissaire de police, qui aurait été présent à la séance, n'y aurait-il pas été tout exprès pour me la rappeler?

Il y avait donc tout lieu de compter que l'autorisation demandée serait accordée.

Il n'en fut rien. — En vain le 7 août, inquiet de ne l'avoir pas reçue encore, avais-je insisté par une lettre à M. le Préfet, en lui disant que l'autorisation ne me serait

utile que si elle me parvenait le lendemain 8 août. —
Le tout resta sans réponse, demande et lettre de
rappel.

Pourquoi cela ?

Quelle considération assez forte a pu empêcher le
représentant d'un gouvernement, si constamment occupé
de toute espèce d'infortunes, de me permettre de venir à
temps et assez efficacement au secours de l'infortune dont
il s'agissait?

Pourquoi en a-t-il été ainsi, surtout quand ce magis-
trat a pour siége de son administration une ville qui
passe, à juste titre, pour amie des lettres, des arts et de
la bienfaisance?

Tel était le problème qui me préoccupait tristement, dans
la matinée du 10 août, à Vichy, en recevant vos souscriptions à la publication de la conférence écrite au lieu du
prix de vos billets d'entrée à la conférence orale; et je
me souviens qu'alors quelqu'un de vous, mes chers
souscripteurs, prononça un mot qui pouvait être le mot
de l'énigme: il me dit que, puisque j'étais tout nouvelle-
ment débarqué à Moulins, il se pouvait très-bien que je

me fusse trompé de bureaux, et que j'eusse déposé ma demande dans les bureaux de l'évêché, en les prenant pour ceux de la préfecture.

Le fait était, à la rigueur possible ; et c'était une solution. Je l'acceptai pour en finir et ne plus m'occuper que de la publication que j'avais promise pour le cas où la conférence manquerait.

C'est cette promesse que je viens remplir aujourd'hui , en vous adressant, en retour de vos souscriptions, ce *prospectus-conférence,* que je vous devais, et qui vous intéressera, je l'espère, à la publication de celles des œuvres de Moreau qu'il a en vue ; car le choix auquel je m'étais arrêté en prenant Hégésippe Moreau pour sujet de notre entretien littéraire de bienfaisance, n'était pas fortuit : il m'avait été dicté par un but que j'avais aussi fort à cœur et que je vais expliquer en quelques mots, comme je l'aurais fait dans la conférence.

II

On a édité un *Béranger des Familles* et l'on a très-bien fait. Sans cela, les familles et les maisons d'éducation n'auraient pu connaître qu'imparfaitement, par copies manuscrites, beaucoup de petits chefs-d'œuvre de l'esprit français, pleins de sentiment, de grâce et de patriotisme. On ne pourrait en effet les livrer aux familles avec le cortége de pièces qui leur font, dans le *Béranger complet*, une compagnie, toujours littéraire sans doute, mais en même temps de fort mauvais ton.

Eh bien, ce qu'on a eu raison de faire pour *Béranger*, il y a la même nécessité, mais aussi la même opportunité, à mes yeux, de le faire pour *Hégésippe Moreau* : et cet avis, un éminent écrivain, *M. Sainte-Beuve*, qui n'est pas suspect d'étroitesse religieuse, l'a déjà émis en partie, quand il a écrit, en 1864, dans la préface de son édition des œuvres complètes de Moreau, le jugement suivant, au sujet des contes de notre poëte :

« Les contes d'Hégésippe Moreau sont tout à fait purs
« et irréprochables, ils pourraient même se détacher du
« reste des œuvres et se vendre en un fascicule pour se
« donner à lire aux jeunes personnes et aux enfants. »

Or c'est à la réalisation de ce vœu de M. Sainte-Beuve que je voulais intéresser, par ma conférence, l'auditoire que j'aurais eu à Vichy, mais en donnant toutefois à ce vœu une double extension : c'est-à-dire que j'aurais proposé un *Myosotis des Familles* destiné à tous les membres de la famille, et non pas seulement aux plus jeunes, et comprenant en conséquence, en outre des *Contes*, non-seulement toutes celles des poésies qui s'inspirent du même esprit, mais encore celles des poésies politiques qui sont de l'histoire.

Voici donc ce que je voulais dire à mon auditoire, en m'adressant à son esprit de famille non moins qu'à son goût des lettres; je voulais lui dire : « Nous allons laisser « de côté l'Hégésippe Moreau des mauvais jours, celui « dont les pièces animées d'un souffle fâcheux, sentent la « révolte contre Dieu, contre la Morale, contre l'autre « Hégésippe Moreau même, qui en est, à la fin, profon- « dément attristé (1), et nous allons faire connaissance de

(1) Témoin cette strophe de la pièce de vers intitulée : *A mon âme.*

> Fuis sans pitié pour la chair fraternelle ;
> Chez les méchants lorsque je m'égarais,
> Hier encor, tu secouais ton aile
> Dans ta prison vivante, et tu pleurais.....

« cet autre Hégésippe Moreau, de celui des bons jours,
« du bon, du vrai poëte, aimant, souffrant et chantant,
« souffrant et chantant pour les autres plus encore que
« pour lui : — et vous direz ensuite s'il ne serait pas du
« plus cher intérêt moral et littéraire de la *France des*
« *familles*, qu'elle possédât ce Moreau-là, et qu'elle eût
« un *Myosotis des Familles*, comme elle a un Béranger des
« Familles ? »

A cette question que j'aurais posée à ma conférence, vous avez fait d'avance, je l'espère du moins, vous mes chers souscripteurs, une réponse affirmative, et c'est pourquoi je vous compte avec confiance parmi les futurs acheteurs du recueil même du *Myosotis des Familles*, dont j'ai maintenant à vous donner une table analytique des matières.

III

Mais un mot d'abord de la biographie du poëte ; une connaissance, même sommaire, de sa personne et de sa vie nous feront mieux pénétrer l'esprit et le sens de ses productions.

Quant à sa personne physique, son premier biographe, M. de Sainte-Marie Marcotte, que je cite de mémoire, nous apprend, dans la notice mise en tête de l'édition du *Myosotis*, faite aussitôt après la mort de Moreau, — qu'il était plutôt petit de taille, mais bien fait de sa personne, que son cou était gracieux, sa tête relativement forte, son front poli, large et élevé, portant, dans deux lignes transversales, les signes de la pensée; que ses membres, pour la finesse, et ses mouvements, pour la grâce, étaient ceux d'une femme, presque d'un enfant.

De cette silhouette du poëte rapprochons l'ensemble de sa vie.

Moreau a vécu un peu plus de vingt-huit ans, d'avril 1810 à décembre 1838. Enfant naturel, il n'avait pas même complètement droit au nom qu'il portait. Né à Paris, ses parents l'emmenèrent tout petit à Provins, où son père avait trouvé de l'emploi comme professeur du collége. Mais bientôt il y mourait, laissant la mère et l'enfant aux soins d'une dame de la ville, au service de laquelle la

mère était entrée ; elle ne survécut au père que bien peu
d'années, et Moreau n'avait conservé d'elle que le vague
souvenir qui lui fait dire dans la pièce de l'*Isolement* :

> Enfant, j'ai vu passer, dans ma vague mémoire,
> Des prêtres qui chantaient sur une bière noire.
> A travers les sanglots, de moment en moment,
> Un nom cher m'arrivait…

Par les soins de sa protectrice, qui devint pour lui une
seconde mère, Moreau fut élevé au petit séminaire d'Avon,
voisin de Fontainebleau, jusqu'à quinze ans ; et puis placé,
à cet âge, en apprentissage de l'état d'imprimeur à
Provins.

Ce sont les trois ans que dura cet apprentissage qui furent
le grand et court bonheur de la vie de Moreau, car ils
lui firent connaître et saintement aimer la jeune fille
qu'il appellera plus tard *sa Sœur*, et dont le souvenir de
réciproque et angélique tendresse (1) dominera dès lors,

(1) C'est à *sa sœur* qu'il parle dans ces vers de la pièce intitulée *la Sœur
du Tasse* :

> Aussi j'ai bien souvent frémi d'un doute étrange,
> Et, les yeux sur vos yeux, dit, « Est-ce pas un ange… »

comme un beau rêve, tout le reste de sa vie, en inspirant tous ceux de ses sentiments, toutes celles de ses pensées qui ne lui laisseront pas de regrets.

La douce vie de Provins aurait été toujours nécessaire au poëte. Mais on crut, en le plaçant à Paris, assurer son avenir professionnel, peut-être même lui créer un avenir littéraire ; et c'est ainsi que, par les soins de l'un de ses protecteurs, Moreau devint compositeur d'imprimerie chez M. Firmin Didot, vers l'âge de dix-huit à dix-neuf ans. Bientôt après éclata la révolution de 1830, dont les ateliers de typographie donnèrent le signal.

Ainsi voilà Moreau lancé, à vingt ans, par sa profession même, au plus épais de l'effervescence populaire. Il s'y associa de tout cœur et de deux manières: en faisant le coup de fusil sur les barricades, mais aussi en sauvant un *Suisse* de la mort, après avoir cru en voir tomber un autre sous le feu de son arme.

Dans les premiers temps qui suivirent la révolution de Juillet, il y avait de fréquentes séditions dans les imprimeries. Moreau quitte celle dans laquelle il travaillait et devient maître d'étude. Il se trouve par là en contact avec des jeunes gens souvent spirituels, mais, pour la plupart, égoïstes et immoraux ; ce sont eux qui ôtent à son imagination sa fraîcheur et sa pureté, et qui lui soufflent au cœur une partie de leurs mauvais sentiments.

En 1832, à l'apparition du choléra à Paris, Moreau est déjà assez malheureux et désenchanté de la vie pour se faire admettre à l'hôpital dans le secret espoir de s'inoculer la maladie, et d'en finir avec la vie. — Il n'en alla pas ainsi, et Moreau dut continuer de lutter et de souffrir.

Malade, il part un jour, à pied, de Paris et marche, marche toujours juqu'à Provins, où il arrive exténué et mourant. Les plus tendres soins, qu'il reçoit à la campagne, y rétablissent sa santé. Il entreprend, à Provins, un journal en vers, à la manière de *La Némésis* de Barthélemy ; ce journal, il l'intitule *Diogène*. Un haut fonctionnaire du pays s'offusque de l'une des pièces, et Moreau est obligé de repartir pour Paris, où désormais, pendant quatre ans, de 1834 à la fin de 1838, il va être aux prises avec des difficultés matérielles et morales, et avec des tentations de désespoir contre lesquelles il n'est pas suffisamment armé.

Cependant avant que cette lutte inégale ne le conduise une dernière fois à l'hôpital, il lui est donné de voir, en 1838, à ses rêves de bonheur et de gloire un commencement de réalisation. Un camarade édite ses œuvres, des journaux de l'opposition libérale en font un grand éloge, et Moreau peut enfin écrire à sa sœur : « Je ne me « crois pas un grand poëte, tant s'en faut ; mais Dieu m'est « témoin que je suis un vrai poëte, malheureusement je « ne suis que cela. »

Malheureusement aussi, ce tardif succès n'empêche pas que le coup ne soit porté à sa frêle et délicate constitution. Il prend de nouveau le chemin qu'il avait suivi déjà plusieurs fois, de l'hospice *de la Charité*. Cette fois ce sera la dernière. Il compte y passer l'hiver de 1838 à 1839. Il en sort le 21 décembre 1838, pour le cimetière du Montparnasse.

A ce moment, il se fit un grand bruit autour de sa tombe. Elle devint l'arène des partis, les uns accusant la société de cette mort prématurée, de ce nouveau nom de poëte à ajouter à la liste des poëtes morts de misère, et les autres défendant la société contre ces accusations.

Nous ne suivrons pas les partis dans cette polémique **déplacée** et qui l'était surtout alors qu'elle eut lieu. Nous voulons **au** contraire en détourner les yeux pour ne regarder qu'à l'œuvre du poëte, et à son œuvre seulement par les côtés qui mettent en saillie les trésors de sensibilité, de grâce et d'ingénuité dont son cœur était si riche.

Ah ! pourquoi faut-il que ces dons si précieux n'aient pas su retenir Moreau dans le chemin du bonheur qu'ils lui ouvraient si naturellement ? — Nous essaierons, dans un moment, d'indiquer la vraie réponse à faire à cette question pour Moreau comme pour bien d'autres, en France et ailleurs.

IV

CONTES

C'est par les *contes*, qui seront en tête de notre recueil en projet, que nous commençons aussi notre appréciation.

Ces contes sont en prose, et au nombre de cinq seulement ; mais tous les cinq méritent l'éloge qu'en a fait M. Sainte-Beuve. En voici les titres :

Le *Gui de Chêne*, conte tiré de l'histoire des temps héroïques de la Grèce, et que le poëte dit lui-même être la personnification, dans un couple antique, *Ixus* et *Macaria*, des deux plus belles choses de ce monde et de tous les siècles, la *poésie* et la *vertu*.

La *Souris blanche*, conte-féerie, qui met en scène, avec Louis XI sur l'arrière-plan, l'une de ses plus intéressantes victimes, le jeune duc de Nemours d'Armagnac, que Louis XI tenait renfermé dans une étroite cage de fer ; puis le Dauphin, fils de Louis XI, et enfin la *blanche sourette* qui était une fée en pénitence. — La scène se passe dans les jours avoisinant celui où le Dauphin va devenir le roi Charles VIII.

Les *Petits Souliers*, conte dans lequel il s'agit de l'enfance de *Joséphine*, première épouse du premier Empereur Napoléon.

Thérèse Sureau, touchant récit qui est surtout une fine et bienveillante critique à l'adresse des femmes qui écrivent sans vocation suffisante.

Enfin *le Neveu de la Fruitière*, conte qui a trait à l'enfance de l'une des gloires plébéiennes les plus pures de la France, le général Hoche. Dans la phase de sa vie que le conte met en relief, Lazare Hoche est, tant à Versailles chez son père le cuisinier, qu'à Montreuil chez sa tante la fruitière, un vrai et franc gamin de Paris.

Ces cinq contes sont tout autant de délicieux petits poëmes en prose, qui feront à notre *Myosotis des Familles* un digne et gracieux frontispice.

Nous ne résistons pas au plaisir de donner, par une courte analyse, une idée du premier de ces contes : *Le Gui de chêne*.

Il se rapporte, avons-nous dit, aux temps héroïques de la Grèce, aux malheurs éprouvés, après la mort d'Hercule, par sa famille. Cette famille est composée de trois fils, dignes de leur père, qu'il a eus de sa première femme Déjanire, et d'un autre fils *Ixus* (dont le nom signifie *gui de chêne*) aussi frêle et délicat que ses frères étaient forts et robustes. Ce fils, qui lui faisait honte, Hercule l'avait eu de sa seconde femme, Iole, ainsi qu'une fille, la belle et douce *Macaria*.

Dans le conte, Ixus a douze ans, et Macaria qui lui sert de mère, est fiancée à Lycus, l'un des chefs influents d'Athènes, — d'Athènes qui s'arme pour la défense des Héraclides.

Le mariage est fixé au retour à Athènes de ces héros que nous trouvons d'abord à Delphes, où ils ont été députés par Athènes, en consultation de l'oracle sur l'issue de la guerre, qui va être entreprise dans leur intérêt.

Macaria a été du voyage ; mais Ixus n'a pas été emmené par ses frères ; et alors il fait seul, à pied, pour aller rejoindre Macaria, la longue route d'Athènes à Delphes. Il y arrive au moment où ses frères reçoivent de l'oracle cette réponse, qu'il fallait au Destin, pour se le rendre favorable dans la guerre, le sacrifice d'une victime prise dans la famille même des Héraclides. Ixus s'avance, et s'offre pour être la victime : mais il est

repoussé par ses frères comme une victime dérisoire,
comme une injure qui serait faite au Destin. Quand la
famille est de retour à Athènes, Ixus se présente encore
pour que son nom soit joint à celui de ses frères dans le
tirage au sort qui va être fait de celui d'entr'eux que le
sort désignera pour être la victime. Cette fois, l'un de ses
frères s'avance pour le battre. Macaria, déjà parée pour
l'autel de l'hymen, s'interpose alors et se hâte d'emmener
le pauvre Ixus en le grondant doucement d'avoir fait,
malade et à pied, le voyage de Delphes ; dans la conver-
sation, elle est amenée à lui révéler une circonstance
de sa première enfance, la visite qu'ils reçurent un jour
de leur oncle Apollon, qui, caressant Ixus, à la demande
de Macaria, a soufflé sur sa bouche, et, dans ce souffle
lui a glissé, au cœur la poésie, mais aussi la souffrance.

Ixus, de son côté, fait à sa sœur le récit de la chanson
au moyen de laquelle il se faisait ouvrir des portes
hospitalières chaque fois qu'il en avait besoin dans sa
longue route d'Athènes à Delphes. — Cette *chanson d'Ixus*
a pour refrain :

Ouvrez, je suis Ixus, le pauvre gui de chêne, qu'un coup
de vent ferait mourir.

Non, s'écrie Macaria, à la fin de la chanson, non, mon frère, mon poëte, tu vivras. Et elle se dépouille de son voile et de sa couronne de mariée qu'elle jette aux pieds d'Ixus, voulant désormais se consacrer entièrement à lui.

C'en est trop pour Ixus qui ne peut, dans l'excès de sa joie et de sa tendre reconnaissance, que pousser une exclamation en portant la main à son cœur. La fièvre le saisit, et en vain Macaria, l'entourant de toutes ses tendresses, veille et pleure à son chevet, la fièvre ne lâche pas sa proie : Ixus expire dans ses bras.

Macaria court alors s'offrir, et est acceptée pour être la victime, membre de la famille, qui est demandée par l'oracle. Et bientôt son corps palpite sur l'autel, et le poëte clot le conte par ces mots :

« Et voilà comment passèrent un jour, à travers un
« siècle antique, les deux plus belles choses de ce monde
« et de tous les siècles, la *Poésie* et la *Vertu*. »

V

POÉSIES CHOISIES

Chronologiquement, le recueil complet des poésies d'Hégésippe Moreau se compose de trois parties. La première partie précède, dans le volume, la collection du *Diogène* publié en 1833. Nous n'emprunterons à cette première partie que trois pièces, une pièce politique, de 1828, intitulée *Vive le roi*, et ayant pour refrain, *vive la liberté*; et deux pièces non politiques, l'une intitulée : *Dix-huit ans*, et datée aussi de 1828, et l'autre, datée de 1829 et intitulée : *Epître à M. Firmin Didot sur l'imprimerie*.

La deuxième partie du recueil de Moreau est la reproduction de la collection du *Diogène*, représentant les années 1830 à 1831 de la vie du poëte. Nous prendrons à cette deuxième partie, pour notre *Myosotis des Familles*, dix pièces, — six, non politiques,

Ce sont :

L'Abeille ;
Le Poëte en province :

L'Apparition ;

Le Hameau incendié ;

Un Souvenir à l'hôpital ;

Et l'Hiver.

Les quatre autres pièces sont spécialement politiques et sont intitulées :

Le parti Bonapartiste ;

Merlin de Thionville ;

A. M. Opoix de Provins, ex-conventionnel ;

A Henri V.

La première de ces dix pièces, l'*Abeille* est, sous forme de chanson, une sorte d'énumération par le poëte des différents genres de productions auxquels le sollicite la muse. Cette chanson rappelle celle de *Béranger* intitulée *Ma Vocation*, dont le refrain est :

> Le bon Dieu me dit chante,
> Chante, pauvre petit.

et, oserai-je l'avouer, quelque touchante et gracieuse que soit celle-ci, loin d'être à mes yeux écrasée par la comparaison, celle de Moreau me plait encore davantage.

Enfin, à la troisième et dernière partie du recueil de notre poëte, appartiennent les pièces des quatre dernières années de sa vie, à dater de son dernier retour de Provins à Paris, en 1834. — C'est alors que le drame de cette vie marche à son dénouement; et aussi les pièces que nous pouvons appeler les pièces du cœur, les tendres et mélancoliques souvenirs du passé abondent de plus en plus dans cette fin du recueil de Moreau, et la politique n'y figure plus que de temps à autre, et plutôt à titre de chant funéraire qu'autrement.

Nous emprunterons à cette troisième partie des productions de Moreau dix-sept pièces non politiques et deux pièces politiques.

Les dix-sept pièces non politiques sont :

Les Souvenirs d'enfance ;

La Fauvette du Calvaire ;

La Fermière ;

L'Oiseau que j'attends ;

Bordeaux, ode à Mme...... de la Gironde ;

Lacenaire poëte ;

A Médor ;

Fable ;

L'Isolement ;

Soyez bénie ;

Sur la Mort d'une cousine de sept ans ;

L'Enfant maudit ;

Un Quart d'heure de dévotion ;

La Sœur du Tasse ;

La Voulzie ;

A mon Ame ;

A mes Chansons.

Et les deux pièces politiques, que nous emprunterons à cette même époque de la vie du poëte, sont intitulées :

Béranger (1835).

Et le Corse.

Ici, mes chers souscripteurs, j'aurais terminé la conférence orale par la lecture de quelques-unes de ces pièces dont nous venons de composer la table des *poésies* choisies du *Myosotis des Familles* : c'est d'après ces échantillons, que j'aurais attendu avec confiance vos souscriptions à ce recueil, et je vous aurais quittés sans vous dire ce que je pense, au point de vue chrétien, d'Hégésippe Moreau, puisqu'il eût été dans mes obligations de la conférence orale de ne point vous parler de religion.

Mais le conférencier par écrit est libre de tout engagement pareil, et il veut d'autant mieux vous dire son sentiment de pasteur chrétien, à l'égard de notre poëte, que ce sera en même temps répondre à cette question que nous avons tout à l'heure réservée :

Pourquoi, avec des éléments de bonheur en apparence si grands, — un saint amour au cœur, des amitiés précieuses, la possession en lui-même de tant de ressources de jouissance par l'intelligence et par le cœur, peu de besoins, et une profession qui l'aurait conduit bientôt à une situation plus que suffisante pour ses besoins, — pourquoi, avec tout cela, Hégésippe Moreau a-t-il eu une vie malheureuse, tellement malheureuse ?

Voici notre réponse : — Il est un christianisme que Moreau n'avait pas, un christianisme qui doit s'ajouter aux dons les plus précieux que Dieu nous a départis pour leur donner toute leur valeur. Sans ce christianisme, ces dons non-seulement ne peuvent aboutir au bonheur de qui les possède, mais deviennent même souvent des éléments de désordre et de malheur.

Ainsi en a-t-il été, dans deux positions sociales bien différentes, d'Hégésippe Moreau et d'Alfred de Musset, cet Hégésippe de la haute société, qui n'en a pas été plus heureux, ni dans sa vie ni dans sa mort, pour n'avoir pas trouvé l'hôpital sur son chemin. Ce qui leur a manqué à tous deux, c'est le christianisme réel, c'est la foi positive. Ils se sont montrés, de temps à autre, les fils de ce christianisme de fantaisie, affaire d'art, de bienséance ou de moyen d'arriver chez les intelligences cultivées, de superstition et de pompe théâtrale pour les autres; christianisme dont la France hait l'esprit, mais dont elle accepte les formes pour se dispenser de la recherche du vrai christianisme qu'elle trouve trop sérieuse pour elle; christianisme de tête et d'imagination, dont Châteaubriand fut, au moment favorable, la plus brillante expression; christianisme enfin qui jouit en commun avec la mythologie païenne, de l'avantage de fournir des données aux lettres et aux arts.—mais qui n'apporte et ne saurait apporter aux individus ni aux peuples, aucune de ces conditions morales de leur vrai bonheur, que le seul vrai christianisme leur donne.

Vous trouverez peut-être, mes chers souscripteurs, que cette conférence-prospectus du *Myosotis des Familles* prend la tournure de finir comme une homélie ; mais, homélie ou non, c'est dans ce que je viens de vous dire qu'est la vérité. C'est là, et non pas ailleurs, qu'il faut chercher l'explication des souffrances et des écarts de nos deux poëtes, comme aussi, d'une manière générale, celle des difficultés insurmontables qui entravent sans cesse la marche de notre peuple à la recherche de la liberté et du bonheur.

Et pour que l'homélie soit complète, si vous me demandez maintenant ce que je pense du sort de nos deux poëtes dans l'éternité, je vous réponds par l'anecdocte suivante :

Un vieillard protestant, d'une grande piété, auquel on demandait quelle idée il se faisait de la composition du paradis, répondit :

« Si Dieu me fait la grâce de m'y admetttre, je crois

« que j'y éprouverai deux grandes surprises, celle de
« m'y voir d'abord, et ensuite celle d'y voir beaucoup de
« gens que je ne me serais pas attendu à y voir, et de n'y
« en pas voir beaucoup d'autres que je me serais attendu
« à y voir. »

C'est aussi là que j'en suis vis-à-vis de nos deux poëtes
et, en général, vis-à-vis des pauvres rebelles à la foi chré-
tienne, qui ont souffert de son absence de leur vie. —
J'espère toujours qu'il y aura eu un moment de la fin
de ces souffrances, où, eux aussi, ils auront cherché, sur
la croix, les yeux de Jésus, et entendu en leurs cœurs ses
consolations.

Moulins, septembre 1869.

Moulins. — Imp. de Fudez Frères.

AVIS

Le volume proposé par cette CONFÉRENCE paraîtra dès que la vente de celle-ci aura atteint le chiffre de quatre cents exemplaires; chiffre que l'éditeur considérera comme un *minimum de vente* assuré dès lors au débit du volume.

LE **MYOSOTIS DES FAMILLES** aura deux cents pages environ et sera du même format que la *Conférence*, à laquelle il pourra être réuni en les reliant.

Seul et broché, le volume du MYOSOTIS DES FAMILLES sera vendu 1 fr. 50; relié avec la CONFÉRENCE, il sera vendu 2 fr. 25.

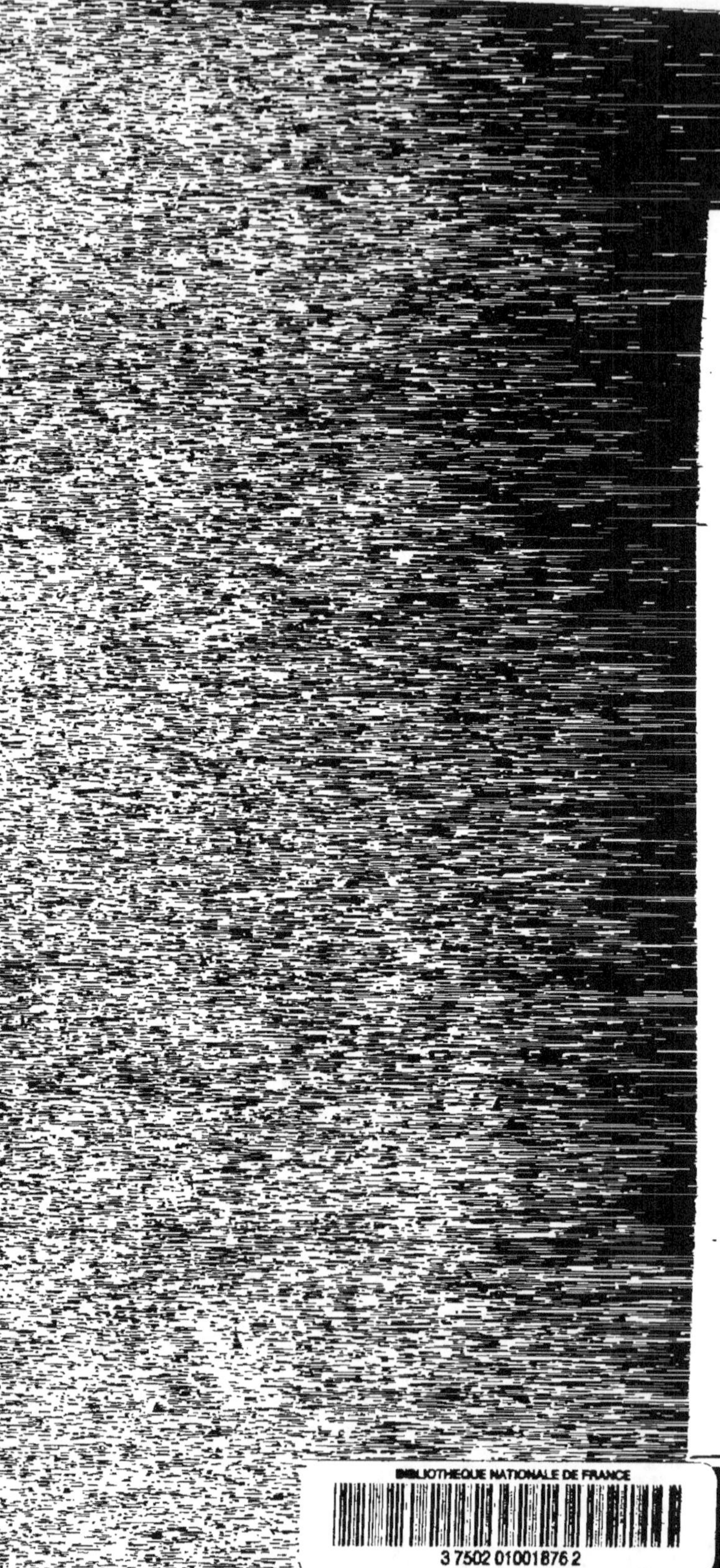

www.ingramcontent.com/pod-product-compliance
Lightning Source LLC
Chambersburg PA
CBHW061332050726
47595CB00005B/1898